This Book Belongs to:

_____

_____

_____

INTRODUCTION:

This Practice Book is designed to help you create and compose your own Hand Lettering designs with Doodles and Illustrations. This book is for beginners, no prior skill is required. This book is packed with tips, tricks and ideas for you to apply to your own creations.

STARTING WITH THE BASICS:

"MY HANDWRITING IS NOT THE BEST, WILL I BE ABLE TO DO ANY HAND LETTERING?"

Answer: **YES**.

Hand Lettering is **NOT** writing. Lettering is a form of drawing.

HANDWRITING vs Hand Lettering:

HANDWRITING:
Uses mainly your fingers to move the pen.

HAND LETTERING:
Fingers should stay static and hold the pen in place. Like drawing use your wrist or your arm to create fluid motions, just like you would if you were drawing.

TIPS:

✳ Don't be afraid to turn the page sideways, or at any angle you need.

✳ Hold the pen at 45°, the pen should rest in the space of your hand between your thumb and pointer finger.

✳ Have a scrap piece of paper to put under your hand, to prevent any smudging. Try not to slide the scrap paper around either, pick it up and place it down.

TOOLS:

For this book, all you will need is a Brush Pens, Pencil, Eraser, Scrap Paper and Fine Point Pens. You can hand letter with an infinite amount of materials, but the easiest way to practice is with a Brush Pen.

OTHER MATERIALS FOR EXTRA DETAIL:

White Gel Pen (for highlighting), Grey Marker (for shadowing), Colored Markers (to Color objects or letters) & Fine Tip Pen (for Detail)

✳ For more practice get a sketchbook with smooth paper, with or without grids depending on your preferences.

BASIC TERMS:

Script: Typeface with a personal flare, perfect for invitations, greeting cards, headlines, art, etc.

SERIF: Typeface with "feet" that are attached to the end of the strokes in letters.

SANS SERIF: Typeface that translates to "without line", or "no feet".

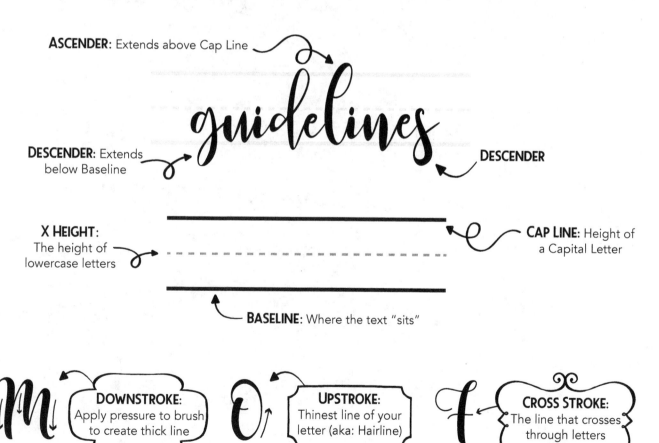

ASCENDER: Extends above Cap Line

DESCENDER: Extends below Baseline

DESCENDER

X HEIGHT: The height of lowercase letters

CAP LINE: Height of a Capital Letter

BASELINE: Where the text "sits"

DOWNSTROKE: Apply pressure to brush to create thick line

UPSTROKE: Thinest line of your letter (aka: Hairline)

CROSS STROKE: The line that crosses through letters

MATCHING FONTS:

Matching different styles can seem tricky, so here are a few basic tips to follow when mixing fonts:

* OPPOSITES attract.
* It is okay to use fonts of the same family, but do not use two fonts that are similar in style.
* Know the mood of your piece. Make sure the fonts you choose match the message.
* Limit your fonts! Use only 2-3 different fonts in a piece.
* Experiment and play, be creative!

EXAMPLES:

Sans Serif AND SERIF

lowercase & UPPERCASE

Bold Typeface and a fancy font

Sweet lettering WITH A COOL TYPE

Skinny and **FAT**

Elegant script & Bold Serif

CONDENSED TYPE with a brush font

Doodles to Trace!

Alphabet Practice

Lowercase Script Alphabet

a b c d e f

g h i j k

l m n o p

q r s t u v

w x y z

a a a

b b b

c c c

d d d

e e e

f f f

g g g

h h h

i i i

j j j

k k k

l l l

m m m

n n n

o o o

p p p

q q q

r r r

s s s

t t t

u u u

$v\ v\ v$

$w\ w\ w$

$x\ x\ x$

$y\ y\ y$

$z\ z\ z$

Alphabet Practice

Uppercase Script Alphabet

A B C D E F

G H I J K

L M N O P

Q R S T U V

W X Y Z

A A A

B B B

C C C

D D D

E E E

F F F

G G G

H H H

I I I

J J J

K K K

L L L

M M M M

N N N

O O O

P P P

O O O

R R R

S S S

T T T

V V V

𝒱 𝒱 𝒱

𝓌 𝓌 𝓌

𝒳 𝒳 𝒳

𝓎 𝓎 𝓎

𝓏 𝓏 𝓏

Alphabet Practice

Lowercase Handwritten Alphabet

a b c d e f

g f j k

l m n o p

q r s t u v

w x y z

a a a

b b b

c c c

d d d

e e e

f f f

g g g

h h h

i i i

j j j

K K K

l l l

m m m

n n n

o o o

p p p

q q q

r r r

s s s

t t t

u u u

v v v

w w w

x x x

y y y
z z z

Alphabet Practice

Uppercase Handwritten Alphabet

A B C D E F

G H I J K

L M N O P

Q R S T U V

W X Y Z

AAA

BBB

CCC

DDD

EEE

FFF

GGG

H H H

I I I

J J J

K K K

L L L

m m m

n n n

O O O

P P P

Q Q Q

R R R

S S S

T T T

U U U

V V V

W W W

X X X

Y Y Y

Z Z Z

Alphabet Practice

Lowercase Serif Alphabet

a b c d e f

g h i j k

l m n o p

q r s t u v

w x y z

a a a

b b b

c c c

d d d

e e e

f f f

g g g

h h h

i i i

j j j

k k k

l l l

m m m

n n n

o o o

p p p

q q q

r r r

s s s

t t t

u u u

V V V

W W W

X X X

y y y

z z z

Alphabet Practice

Uppercase Serif Alphabet

A B C D E F

G H I J K

L M N O P

Q R S T U V

W X Y Z

A A A

B B B

C C C

D D D

E E E

F F F

G G G

H H H

I I I

J J J

K K K

L L L

M M M

N N N

O O O

P P P

Q Q Q

R R R

S S S

T T T

U U U

V V V

W W W

X X X

Y Y Y

Z Z Z

Alphabet Practice

Lowercase San Serif Alphabet

a b c d e f

g h i j k

l m n o p

q r s t u v

w x y z

a a a

b b b

c c c

d d d

e e e

f f f

g g g

h h h

i i i

j j j

k k k

l l l

m m m

n n n

o o o

p p p

q q q

r r r

s s s

t t t

u u u

V V V

W W W

X X X

y y y

z z z

Alphabet Practice

Uppercase San Serif Alphabet

A B C D E F

G H I J K

L M N O P

Q R S T U V

W X Y Z

A A A

B B B

C C C

D D D

E E E

F F F

G G G

H H H

I I I

J J J

K K K

L L L

M M M

N N N

O O O

P P P

Q Q Q

R R R

S S S

T T T

U U U

V V V

W W W

X X X

Y Y Y

Z Z Z

Practice Words and Projects

Word:

Goals

Trace the Word:

Goals

Practice:

Word:

Congrats

Trace the Word:

Congrats

Practice:

Word:

Health

Trace the Word:

Health

Practice:

Word:

Power

Trace the Word:

Power

Practice:

Word:

Dream

Trace the Word:

Dream

Practice:

Word:

Thanks

Trace the Word:

Thanks

Practice:

Word:

Hello

Trace the Word:

Hello

Practice:

Word:

Kind

Trace the Word:

Kind

Practice:

Word:

Weekend

Trace the Word:

Weekend

Practice:

Word:

Today

Trace the Word:

Today

Practice:

Word:

Coffee

Trace the Word:

Coffee

Practice:

Word:

Adventure

Trace the Word:

Adventure

Practice:

Word:

Happy

Trace the Word:

Happy

Practice:

Word:

Awesome

Trace the Word:

Awesome

Practice:

Word:

Lovely

Trace the Word:

Loveley

Practice:

Project: _____

Today
is the
day

Trace:

Today
is the
day

Practice:

Project:

Weekend Adventure

Trace:

Practice:

Project:

Healthy 🥑 Livin'

Trace:

Healthy 🥑 Livin'

Practice:

Be Happy

Be Happy

Practice:

Project:

you are

awesome

Trace:

you are

awesome

Practice:

Project:

Coffee for days

Trace:

Coffee for days

Practice:

<u>Project:</u>

HAPPY *camper*

Trace:

HAPPY *camper*

Practice:

Project:

Trace:

Practice:

Project:

Kindess is beautiful

Trace:

Kindess is beautiful

Practice:

Project:

Trace:

Practice:

Printed in the United States of America